Herzsalat & Brausepulver

Annette Schumacher

Fügen sich Worte zu Zeilen die das Herz berühren und die Seele zum Schwingen bringen ist Liebe im Spiel.

Herzsalat und Brausepulver

"wie habe ich Dich lieb.
Die Sonne scheint im Herzen,
und Wind zerzaust Dein Haar.
Wie bin ich froh
das es Dich gibt, Du füllst mein Leben wunderbar.
Unumstritten ist es da,
das Herzsalatgefühl,
so würzen wir nun unser Werk,
von Liebe nimm ganz viel..."

Annette Schumacher

Freuen Sie sich auf lyrische Momente und Tiefgang für die Seele.
Ein Lese-Abenteuer für die Liebe....Worte für und über die Liebe ... mit Brausepulvereffekt...vielleicht...

Herstellung und Verlag:
BoD – Books on Demand, Norderstedt
ISBN 978-3-7357-9274-7

**Autorin
Annette Schumacher
Lüneburg
www.eine-sekunde.de**

über die Autorin

Annette Schumacher ist 1966 in Lüneburg geboren.
Neben ihrer Tätigkeit als Beraterin und Coach findet
sie immer wieder die Muße um zu schreiben.

Ihr bester Freund sagte:
„Wenn Dir ein Wort fehlt, und Du hat im Kopf so eine
Lücke...dann geh zu Annette, die erfindet ein neues
Wort dafür. Unglaublich, Wörter wie Umärmlung zu
erfinden – ich liebe das sehr!"

*

Ihre große Liebe schrieb über sie Folgendes:
"Annette Schumacher ist so norddeutsch, so viel
Lüneburg - wenn sie da wegziehen sollte, fallen
wahrscheinlich die restlichen Stadtmauern...weil
dieser plattdeutsche Humor von ihr fehlt.. Sie ist
herzenswarm und echt - und ich bin sicher : sie träumt
plattdeutsch und spitzbübisch!"

*

und fragt man sie höchst selbst, dann kommt:
„ich bin ein albernes Huhn und meine Gedanken sind
kitzelig – so ist das wohl..."

Mehr zu Annette Schumacher unter
www.eine-sekunde.de

Widmung

Für meine Motte !

Es ist so wundervoll, Dich in meinem Leben zu wissen.
Die Sonne, die Du in Deinem Herzen trägst, lässt mich jeden Tag schmunzeln.
Das Blitzen in Deinen Augen soll Dein ewiger Wegbegleiter sein.
Meine Liebe begleitet Dich bis in alle Zeiten und weiter bestimmt.
So bleiben wir verbunden.
Weil wir besonders sind mein Kind.

Gaggi
März 2014

Ich hab die Muschel in der Hand,
die ich im Sande liegend fand
und drehe sie nun still.
Was sie wohl sagen will?
Ich lausche leise, schmecke Meer
und sehe vor mir Weite.
Und augenblicklich klärt der Blick
der Weite nächster Seite.
Ich mache meinen Weg bereit
die Muschel will wohl lenken.
Ich lächele, fast als sehe ich Dich,
und lächele Dir nun zu.
Ich bitte still, umarme mich,
verschaffe uns die Ruh.
Entfernt uns grade mehr als Zeit,
so spüre ich kaum Schmerz.
Die Muschel in der linken Hand
bahnt liebevoll dem Weg zum Herz.

Ich würde gern erfinden
was Dich mit Glück beseelt.
Ich würde gern die Sterne fangen,
das Leuchten unterm Himmelszelt,
und sie Dir dann liebevoll schenken.
Ich würde gern nur lyrisch denken
und Augen malen, dann und wann.
Und das Gemälde gegen Rosen tauschen,
gemeinsam dann dem Meere lauschen
dem blütenzarten Seelenschwingen,
rosenblätterzart das Rauschen.
Ich würde gern entdecken wo Liebe wohnt.
Wo huldvoll derer Krone thront und
Glanz die Welt verschönt
Ein heller Chor der tönt, ummantelt waches Sein,
und ich, ich glaub ich habe es,
ich wäre schrecklich gerne mit Dir den Tag
allein.

Farben malen Zauber,
können sie verführen?
Schaffen Raum für Träume,
öffnen weite Räume, die ich
so gern betrete.
Und weißt Du da mal was,
am meisten macht mir Spaß,
wenn Du mit mir den Raum betrittst.
Ich öffne Dir die Tür und mal das Leben bunt,
wie immer finden wir den Grund
die Sonne zu bemalen.
Und spürbar, wie die warmen Strahlen
die Seelen zart berühren
Das alles kann man spüren
und Farben können doch verführen.

Wenn Worte nicht nötig sind zu verstehen,
kann der Staub, der im Lichte flimmert
stumm Geschichten berichten.
Wenn Worte nicht möglich sind zu sagen
stell keine Fragen...guck
wie die Sinne tanzen lernen
und das Wort sich überflüssig fühlt.
Die Luft ist sichtbar abgekühlt,
doch lodert es im Herz
ein eigenartig Schmerz belegt die kleine Seele
und füllt den Rahmen aus.
Trotz aller Missempfindung-hier fühlt sie sich zu Haus
und kann der Raum beschützen.
So reich Du Deine Hand.
Zusammen reichen stille Worte
gebunden still im weißen Band.
Gemeinsam tanzen Sinne den stillen, ruhigen Reigen,
wo wortloses Verstehen ruht,
entspannt die Seele
alles gut.

Wie lange es wohl dauern mag
bist Du mein Wort wieder verstehst.
Wie viele Nebel muss ich wandern
und manchmal kommt es vor,
als käme einer nach dem andren.
Und wieder steh ich stumm am Tor,
was heimlich etwas Neues hält,
ein Meilenstein in meiner Welt.
Das Erinnern macht mir klar,
irgendwann ist Sonne da.
Und schön, sich auf den Tag besinnen
der Wärme in die Herzen trägt
und lichtvoll Sonne scheint.
Da ist es auch so gar nicht schlimm,
wenn auch die Seele weint.
Durch Nebel wandere ich nur dann,
wenn ich die Sonne ahnen kann...
ich ahne es wird an der Zeit
auch wieder meine Augen blenden...
es ist wie es ist - mach Augen weit,
auch dieses Blatt wird sich da wenden.

Mit Augenlicht Geschichten bilden,
im Rücken liegt die Wiese.
Ich liebe diesen Tag, den milden
wie sehr ich ihn genieße.
Die Krone zwischen mir und Weite
erzählt die leise Melodie,
in meinem Buch auf dieser Seite
ist fest verankert, Liebe...die
mir diesen Blick so schenken mag
was für ein wunderschöner Tag!
Es blinzelt durch das Blätterwerk
die Sonne tanzt den Reigen.
Schreib ich das Buch, ich nenne ich es wohl
"die Liebe ist mein Eigen".

Nimm Dir den Mantel, hast Du es warm?
Geh nicht so in die Nebelwand…
auch wenn - das haben wir erkannt
auf Nebel, dicht am Morgen
ja oft die Sonne folgt.
Ich kann Dir meinen borgen,
der hält Dich sicher warm,
und wenn nachher die Sonne steigt
trägst Du ihn mit dem Arm.
Er ist ganz leicht und hüllt Dich ein,
wird wärmend Dein Begleiter sein
durch frühen Morgennebel,
der früh am Meere steht.
Die Zeit, wo dann der Nebel geht,
erhellt dann diese Welt
und warme Haut und volles Glück
ist doch das Einzige, was zählt.
In frühen Nebelstunden
drehst Du so gern die Runden.

Manchmal scheint sie einsam und unglaublich allein,
und durch die Fenster scheint bei Nacht der fade Kerzenschein.
Sie redet nicht - sie schaut,
kaum jemand hat sich je getraut, die Worte ihr zu schenken.
Sie hütet sicher einen Schatz, den niemand je erkennt,
weil jeder der sie kommen sieht doch eher weiter rennt.
Da ist was Heimliches um sie herum, ein Hauch von Poesie,
und ich bin sicher - schweigt sie doch,
in Wort und Satz sagt sie das nie.
Doch wer sich traut und mit ihr spricht
der könnte ja erleben,
diese Frau ist wundervoll, und hat so viel zu geben.
So mancher Mensch braucht gar kein Wort
die Seele spricht geheim.
Und würde mancher leiser lauschen
klingen Worte doch zart, wie liebes Rauschen.
So scheint sie wie die Weise, die wortlos und geheim
den Menschen was verkünden will...sie ist nicht einsam
sie ist allein.

Manchmal spült das Leben Erinnerungen an den Strand
die hältst Du oft mit Sinnen für Stunden in der Hand.
Du achtest die Geschichten, die in der hohlen Hand,
verpackst sie nach Betrachten - geschnürt mit blauem Band.
Das Lächeln steht in Deinem Blick, Augen so klar wie Meer,
und aufgeregt, da wartest Du...vielleicht erreicht mich mehr...
dabei scheint mir die Gegenwart der Weisheit liebster Schluss,
so ist es denn die Zeit im Jetzt, die erst geschehen muss.
Und dann, ja dann erreicht es Dich, das Strandgut Deiner Zeit,
und jetzt - in diesem Augenblick ist ein "noch mehr"
noch sehr, sehr weit.

Dir - der Liebe schenke ich den Arm voll roter Rosen.
Was für ein Glück, den ganzen Tag Dich liebend zu liebkosen.
Ich finde in Dir den Sonnenschein, erkenne sogar die Sterne.
Sie funkeln in den Augen und zeigen mir im Sein und gerne
den weiten Horizont der Liebe.
Ich weiß, wenn dieser Anblick bliebe
vollendet das mein ganzen Sein...
so bitte ich Dich aus dem Herzen,
lass uns für immer im Schein der Rosen-Liebe sein.

Sie sitzen schweigend auf dem Gras,
den Baum bewohnt die Blüte.
Der rote Wein - ein Rest im Glas,
die Blicke voller Güte.
Sie kritzeln liebe Worte
mit Stöckchen in den Sand,
der Wind bequietscht die Pforte,
sie tastet nach der Hand.
Die beiden schenken gerne,
das kann man wirklich sehen
sie lieben, lieben gerne,
kein Wort bedarf es, zu verstehen,
dass hier die Liebe Einzug hält.
Genuss
im Mittelpunkt der Welt.

Weite spüren, Winde schwingen, Lieder singen
was für ein wundervoller Tag.
Sonne fühlen, Strahlen fangen, rot gefärbte Wangen,
ganzes Glück und volle Liebe, jugendliche Triebe...
alles herum ist einerlei...willkommen liebe Liebelei.
Willkommen Du in meiner Welt, ich mach die Weite auf
nimm Platz, und tanze mit, das Leben und ich -
das Leben und ich wir warten darauf.
Umarme Glück, fang Seelenstaub
und puste Silber in die Welt...am Horizont der Regenbogen
hält den Schatz mit buntem Wogen,
ein himmlisch buntes Himmelzelt.
Willkommen Du, ich freue mich drauf,
mach diesen Zauber mit.
Das Tor zum Traum ist lang schon auf
komm an die Hand,
komm mit!

Reicht der Liebe Schwingen, Weite
bis in alle Ewigkeit?
Im Buch der Liebe, elfte Seite
ist die Rede von der Zeit.
Ein Hauch verbreitet langen Atem
und lässt die Flügel endlos schwingen.
Im Liebesrausch, kaum Raum zum Warten
hörst Du engelsgleiches Singen.
Verweile ewig mit mir hier,
und leite dieses Seelenschwingen.
Lese Seite neunzig nun mit Dir,
es kann den Herzen Leichtsinn bringen.
Nicht wissen, welche Seite
ein nächstes waches Sein erweckt.
Doch sicher sein, mit Dir in der Weite
ein tiefes Band was sich erstreckt.

Es regnet und die Wolken ziehen in Eile übers Meer.
Von außen ist mir fröstelig,
doch schau doch mal hier her:
mein kleines Herz vor Glück zerspringt,
ich lausche, wie die Seele singt.
Erkenne ich die Melodie?
Die Töne reihen sich gemach,
dazwischen hör ich, wie ich sag:
welch wundervolles Singen...
und jetzt in diesem Augenblick,da bricht die Wolke auf,
und dieser Tag geht ab so dann
mit Sonne seinen Lauf.

Sie steht allein, das Haar im Wind belebt ihre Gedanken,
sie redet nicht, wohl ist sie stumm,
sturmfest von außen, still...das Wanken
ist nicht anzusehen.
Sie sieht, das ist wohl unumstritten in eine bunte kleine Welt,
in weiter Ferne, ganz weit weg - der Regenbogen - der erhellt
den Horizont der kleinen Frau.
Wofür braucht es da Worte, sie ruht, das kann man sehen
in ihrem innerlichen Schatz.
Und leider wird sie weitergehen,
zum nächsten würdevollen Platz.
Doch was hier bleibt,
das ist kein Schmerz...es ist ein Teil von ihrem Schatz.
Verpackt in einem kleine Satz, den wir im Herzen tragen.
Du fragst Dich wie mag er wohl sein?
So schweig auch Du, horch in Dich rein!

Würde gern mit Dir durch Täler laufen,
mit Staub gefüllt wie golden Sterne.
Würde Sterne im Namen der Liebe taufen,
und laufen, laufen - in die Ferne.
Würde gern den Staub mit Dir verteilen,
Gedanken leicht, dem Traum so gleich.
An manchen Stellen still verweilen,
in einem golden Wunderreich.
Würde Dich dann gern mit Gold bestäuben,
wie Watte federleicht und seicht.
Dich huldvoll glänzend dann beäugen,
solang bis Dich mein Blick erreicht.
Würde gern mit Dir durch Täler laufen,
mit Staub gefüllt wie golden Sterne.
Und würde den Schönsten auf Deinen Namen taufen,
ich lieb Dich so , und hab Dich gerne!

Sie redet mit den Augen, schau
der Mund ganz stumm - verschlossen.
Sie kann Geschichten malen, blau
in allen Tönen - durchweg verflossen.
Du kannst dennoch die Augen schließen
und lausche ihrem heimlich Ton, der manchmal laut doch zart
die Welt im Kopf betört, mit Fantasie bemalt.
Du siehst die Farben ihrer Welt, der Wind ist manchmal grau.
Doch eines weiß sie ganz genau,
sie weiß sich sicher getragen...der Wind der zeigt den Weg,
und unter dem Himmel, himmelblau,
hält sie vor Dir die Rast...und schau,
sie hat so viel zu sagen.
Geschichten tragen ohne Wort,
wohl eines ihrer Weise - und öffnest Du den Sinn, dann leise
erzählt sie Dir die von ihrer Reise.
Vom Himmel weit, wie himmelblau,
sie redet mit den Augen,
schau.

Weites Herz- klarer Verstand
so sagtest Du und ich erkannt
wie wundervoll der weite Blick die Seele zart berührt.
Das weite Herz, es tanzt vor Glück
und wünscht sich den Moment, der bliebe.
Kein Weg zurück, lass den Moment
für ewig in mir schwingen, weil ich den Blick so liebe.
Der Verstand so rein und klar
erfrischt sich am Blick in die Ferne und sieht - wunderbar
versonnen in die bald aufkommenden Sterne,
und all das in der Ferne und doch so dicht und nah,
als ich grade im Moment
die Bilder vor den Augen sah.

Umarme Deine Seele
wie wertvoll Du doch bist.
Das Lachen Deines Herzens,
ich kann es sogar hören
und niemand auf der Welt
kann mir dies Gut zerstören.
Umarme Deine Tränen
sie sind ein Teil von Dir,
das Blau aus Deinem Augenpaar
ich hab es noch im Sinn.
Finde das Erinnern wunderbar
wie kriegst Du das nur hin,
das tiefe blaue Blau .
Umarme Dich, ich bin ja da
und trage Dich im Schmerz.
Der Atem tobt, die Seele bebt
komm werde weich, mein kleines Herz.
Ich gebe Dir die Macht der Ruh
und halte Dich und schau Dir zu.
Bis er vergeht bin ich ja da,
schütze Dich mein Herz.
Vertraue.
Ja.

Mit Sicherheit, so kannst Du sein,
ich bin ja doch die Hand
die Dich beschützt, die, die Dich hält,
bei jedem Wind in Deiner Welt.
Ich möchte Deine Wurzel sein,
beim Sturm im Wasserglas.
Ich möchte Deine Sonne sein, die Wärme
die, die Dich umgibt, wenn es doch weit und breit
nur scheinbar Wolken für Dich gibt.
Ich bin gern das Tuch und hülle Dich dann ein,
und bring Dir gern - allein durchs Sein
am Horizont den hellen Schein.
Ich weiß, dass Du ihn liebst...
und all das mach ich wirklich gern,
da kannst Du sicher sein.
Doch bitte ich Dich, in all der Not:
mach Dich doch nicht so klein!
Ich weiß ums helle Licht in Dir,
lass es doch wieder scheinen.
Du weißt es auch, und ich bin da
hör wieder auf zu weinen.

An manchen Stellen scheint
der Nebel sonnenblind.
Schweigend auf der weiten Flur
in der Ferne jault der Wind.
Es fröstelt mich
es wird mir kalt,
und hör, wie eine Stimme hallt.
Mit Kraft wühlt sich die Sonne durch
und wärmt für eine Weile.
Man kann der Strahlen Tanz erkennen,
und Tau sitzt auf der Weide.
Sicher trotz all der Nebelschwaden
finden sich die Schritte,
und Gott sei Dank und sicherlich,
die Seele ist die Mitte,
und schöpft die Sicherheit,
in nebelschweren Tagen, heute und allezeit.

Der selbe Ort, wie himmelweit
ich sehe wie Du den selben Blick.
Jetzt ist sie da, die unsre Zeit,
Seelenbaden, welch ein Glück.
Ich spüre ganz nah Deine Haut,
den Atem kann ich sehen...
wundervoll, wie lieb getraut,
ach würde die Zeit doch für Zeiten stehen.
Wir hören gleich das Rauschen,
und lustig wie ich sehe
Du kannst sogar den Möwen lauschen,
ich denke "bleib", es täte mir weh
aus diesem Sein heraus,
wenn ich Dich nie mehr wieder sehe .
Doch das macht die Zeit, wir finden es raus.
Und eng verbunden gibt es jetzt Tee,
in meinem warm beheizten Haus.

Rosenrot und veilchenblau,
ich lieb die Farben alle.
Doch wenn ich in Deine Augen schau
überwiegt der Wunsch nach blau.
Sie malen sich so wunderschön
in das Sonnenlicht hinein,
da möchte man als Betrachter
gern einer der Strahlen sein.
Und dann Dein Mund, wie Honig zart
gemalt in rotem Rot.
Da wäre man gern der Tropfen Wein
um stets in Mundes Nähe zu sein.
Und Deine Haare, wunderschön,
in Farben nicht zu fassen,
da kann ich nicht anders, das weißt Du auch,
da muss ich mich mit befassen.
So bist Du für mich gemaltes Glück,
und so für mich vollkommen.
Wie schön es ist, das es das gibt,
Du bist bei mir willkommen.

Silber schlägt der Flügelschlag
weht glänzend Staub auf mich herab.
Ich blinzele, denn die Sonne scheint
ich kann Dich kaum erkennen.
Um Dich im Auge zu behalten,
müsst ich schon wirklich rennen.
Doch sicher sein in dem Gefühl,
"was will, dass bleibt bei Dir".
So weiß ich auch Du kommst zurück,
kommst wieder, her zu mir.
Ich liebe so Dein stummes Wort,
das strengt uns beide nicht so an.
Der Blick betört mich immerfort,
wer braucht da den Gesang.
Das kleine weiße Möwenkind war heute wieder da.
Ich bin beseelt und bin ganz still,
wer weiß, was morgen kommen will.

Ich hör dem Meer so gerne zu, dem Meer und seinem Rauschen,
ich brauch mich nicht verbiegen und kann ganz ruhig lauschen.
Ich höre den Gesang der Tiefe, der Tiefe und dem Blau,
ob Himmel oder tiefes Meer, das weiß ich manchmal nicht genau.
Niemand fragt mich, sag doch mal, ich kann genüsslich sein.
Die stille Frau am großen Meer, nicht einsam doch allein.
Ich lieb das Meer ganz wirklich sehr und höre den Gesang,
und ist mir oftmals Furcht und Bang, am Strand der Meere nicht.
Ich lieb den Ton und den Gesang und ich lieb dieses Licht

Ich spüre Dein Glück, die Liebe weich,
Du bist zuhause in einem Reich
der Muckeligkeit ja so nah.
Ich sehe Dich und freue mich,
für dieses Glück in Dir.
Genieße ich und bin ganz still,
weil ich Dir gar nichts Böses will.
Ich werde auf Dich achten,
dass Dir kein Schmerz das Herz berührt.
Die Stürme der Liebe, die sachten
haben Dich und Dein Leben mit Liebe gekürt
ich kann es sehen und bin beglückt,
die Welt hat sich ein Stück verrückt.
Ich spüre Dein Glück, die Liebe weich,
so wünsche ich Euch das Himmelreich!

Wunderzart Du Wortgeflecht
durchwanderst meine Sinne,
wanderst durch die Hand auf Seiten,
durchflutest dunkle Mächte. Weiten
die das Herz berühren, in mildem Klang.
Hörst Du ihn auch, diesen Gesang?
Wie kann man Töne fangen?
Sie tanzen wie die Farben, bunt
umschwärmen meinen Geist,
und in des Nebels tiefen Grund
siehst Du wie Nebelschwade reißt.
Der Ton erreicht die Sonne,
sie wärmt auf dem Papier das Wort.
Mit großer liebevoller Wonne,
erwische ich mich, ich schreib
von Dir und fort
sind Seiten voll der dunklen Macht
was Engel schreiben, leise, sacht.

Der Himmel blau, das Meer nicht minder
in der Ferne spielen Kinder.
Der Wind bespielt den leichten Sand,
indem ich eine Muschel fand.
Ich gab sie Dir in Deine Hand
und gab dazu noch einen Kuss,
ich sehe Dich und weißt Du was
ich Dir noch dringend sagen muss?
Wie Du im Schlaf die Kissen knüllst
den Tee des Morgens still genießt,
wie Du so trotzt, wenn Du was willst,
wie Deiner Seele Träne fließt,
wie schön Dein Lachen klingen kann,
und - ach Dein Haar, ich lieb es sehr...
Wenn Du dann sprichst : ich fang jetzt an,
bis Du am Abend, mit Augen so schwer,
noch nicht mal ferne schauen kannst,
und auf dem Sofa leise ruhst...
Was ich Dir grade sagen will,
wie gut Du meiner Seele tust!
Ich liebe jedes Stück von Dir,
und gebe Dich wohl nie mehr her,
ich schenke Dir den Satz von mir:
ich lieb Dich wirklich sehr!

Weite spüren, Wege gehen,
an manchen Stellen einfach stehen.
Sonne hauchen auf die Haut,
ein jeder Strahl wie nicht getraut.
Wind erleben, Atem steht,
und trotzdem spüren, wie es weitergeht.
Finsternis und Einsamkeit
an manchen Orten, weit und breit
kein Anker in der Seele See.
Und innehalten, stehen...geh
nur noch ein Stück ins Wolkenmeer
jede Stufe fällt Dir schwer.
Doch angesammelt dicht am Ziel,
und sicher sein, der Weg war viel
zu schwer für Dich allein.
So spürbar, Du kannst sicher sein
bist Du auch einsam, müde, klein.
Die Sonne bricht die Wolken auf
und wärmt jetzt muckelig
Da wünsche ich mir sehr - ach kleiner Mensch
ich wünsche mir, ach fürchte Dich nicht.

An manchen Tagen fällt mir schwer,
hier in der Mitte still zu sein.
Ich wünsche mir, ich wäre am Meer
und könnt Besuch im Weiten sein.
An manchen Tagen fehlt sie mir,
die Stille und die See...
das Rauschen und das Möwensingen,
das Salz und auch der weh
und mütig mutend ferne Blick.
Dann wüsste ich wohl, es
gibt es kein Zurück, wenn einer dieser Tage
wahr und haftig einfach da
zum Greifen nah und spürbar wär.
Heute ist so ein Tag, heute fällt es mir schwer
und heute, da wünsche ich mich ans große Meer.

Grad heute würde ich mir wünschen
erfühle meine Stimme.
Erfülle ich Dein Herz mit Stille?
Erkennst Du auch das Stille Sein?
Ich würde so gern zu Hause sein,
in diesem Schweigen lieblich schwimmen.
Mit allen Sinnen still besinnen,
das wünsche ich auch Dir,
und ganz bestimmt ich flüstere Dir
die schönsten aller Sätze, weil ich Dich
so sehr schätze, weil ich Dir Liebe bin.
Macht Schweigen und auch Sinn.

Der schönste Augenblick ist der mit Augen zu.
In aller liebevollen Ruh gestalte ich die Bilder,
ich höre Deiner Stimme zu und Töne tanzen milder.
Du bist in meinem Leben, ich achte diese Zeiten leise,
denn diese wunderbare Weise
lässt wachsen, was da wachsen will.
Und ist es nicht unglaublich toll,
dass wir uns ohne Wort verstehen?
Die Augen zu, doch Farben bunt - wie ist die Welt
schön anzusehen...
Mein Herz das hüpft vor lauter Glück, ich forme mir mein Wort
und allerliebstes Wortgebilde trägt leiser Wind
nun leise fort.
Der schönste Augenblick ist der in aller Ruh,
ich höre Deine Worte nun und schließe nun die Augen zu.

Und der Liebe zu begegnen ist doch der Sonne gleich,
da wandert doch die Seele in ihr so sonnig helles Reich
und muckelt sich da ein.
Was kann wohl schöner sein, als stur ein Teil vom Glück zu sein
und Liebe zu bezupfen.
Ich malte bunte Tupfen aus Schatten an der Wand und
nahm mir dann die Blumensaat, die ich heute wiederfand.
Ich trug sie heilig in das Beet und säuselte dabei,
der Nachbar guckte sonderbar,
war mir gerade einerlei.
Ein jedes kleines Saatgeding ist jetzt ein Teil der Liebe
und wenn das alles erst mal blüht,
dann sprießen sie, die Triebe...
ein Blumenbeet der Liebe.
Die Blumen, der Strauß - ich werde sie dann bringen
und Du hörst dann leise die Seelen... sie singen.

Ich spüre, wie sie flüstern
und leise liebe Worte wispern.
Ich fühle wie sie sich wiegen
und gemalt Liebkosung kriegen.
Ich ahne ihrer Seele Schwung
getragen in Erinnerung,
die dem golden Staube gleicht.
Nicht eine und die andere weicht
aus dem Atemgleichklang fort.
Fast scheint es wie ein heilig Ort.
Ich wunder mich - so ohne Wort
und doch so liebesinniglich.
Ich sehe und ich freue mich,
wie ist das heimelig und schön
dem Zauber gleich schön anzusehen.

Du Sonne Du.
Stehst Du nun da und öffnest mein Herz wie weit,
in dieser wundervollen herzbeseelten Zeit.
Ach ich liebe diese Zeit mit diesem zuckerzarten Sein.
Komm bleib bei mir, ich lade Dich ein
ein Teil in meiner Welt zu sein.
Du Sonne Du, bist hier in meinem Leben,
ich wünsche mir ich könnt Dir geben,
was Du mir in mein Leben gibst.
Allein der Grund, dass Du mich liebst
lässt mich viel freier sein.
Du könntest vielleicht ein Engel sein,
wie Flausch es mich umgibt.
Dem Wunder gleich
dass es uns gibt.
Dem Wunder gleich
dass Deine Seele meine liebt.
Du Sonne Du.
Stehst Du nun da und öffnest Deine Arme weit,
in dieser wundervollen herzbeseelten Zeit.

Die Stimme an die Engel verschenkt und würdevoll der Blick,
so wandert sie durch Lebenszeit und wirkt beinah verrückt.
Der Glanz in ihren Augen ist weit so wie das Meer
und Herzen singen lachend und tanzen um sie her.
Durch nichts in Ruh zu stören so sammelt sie sich ein,
und kann - das kann man spüren - allein ganz
glücklich sein.
Das milde Lächeln zaubert, die Lippen ja so rot,
und wenn man sie von Weite sieht - sie steht im Morgenrot,
dann möchte so mancher mit ihr sein - in Stille, Ruhe
ganz allein die stillen Worte spüren.
Die Menschen wissen es, sie weiß es auch,
Worte spüren kann man auch
allein durch Seelenfächern tun...in aller Seelenruhe und nun
könnt Zauber doch beginnen...
fang an mit ihr zu singen.

Lavendel blüht.
Ich hab mich wirklich sehr bemüht
heute mal nicht zu weinen...echt.
Ich gebe Dir ja Recht, sie war nicht so
besonders gut, die Zeit die wir da hatten.
Ganz ehrlich, ich kann weit und breit
mich gar nicht mehr besinnen -
doch oder ja, mir fällt was ein, Du konntest mich
mit Witz erfreuen, und mit Geschichten spinnen.
Das konntest Du wohl wirklich gut.
Heute habe ich darüber Wut,
wohl weil Du nun gegangen bist.
Und was weiß ich, wo Du jetzt bist,
das geht mich gar nichts an.
Sag, hast Du wenn es regnet immer noch diese Jacke an
mit diesem riesigen Riss? Und ist Dein Duft der selbe
wie damals bei Paris?
Ich weiß noch wie das Dorf da hieß…
Nun ja, ich merk, ich schwelge - das tut mir
nicht so gut...und alles nur, weil ich ihn fand,
den alten Sonnenhut.
Du hast wohl einen neuen, ich schmeiße den jetzt weg
verbleibe Du in Deiner Liebe,
am Ende bliebe hier nur
der liebevolle Zweck.

Liebe die Du bist in meinem Leben,
ich möchte Dich füllen mit dem Sein
aus meinem Herzen.
Ich möchte Dich tragen, durch die Weiten
auch wenn Nebel offen kund,
dann nehme ich zärtlich Deinen Mund
und liebkose...Sieh nur die Rose,
sie steht so würdevoll und warm.
Du frierst-ich halte Dich im Arm,
wir schweigen und ich hör Dein Herz,
und wie Dein Atem singt.
Und wenn der Tag die Sonne bringt
durchlaufen wir die Welt. Und weiter hinten
bei der Nacht wird liebevoll dann Rast gemacht.
Der Abendschein er tanzt so schön
und friedvoll öffnet sich die Nacht.
Du hast mir Glück ins Herz gebracht,
ich lass Dich nie mehr los. Und müde wie
zu jeder Nacht, legst Du Dich in den Schoß.
So lass doch diese Zeit so sein, ich wünsche
mir sie bliebe...in allem Glück und diesem Schein,
Umärmelung mit Liebe !

Ich möchte Euch umarmen,
ich reiche Euch den warmen
Mantel der Geborgenheit.
Ich möchte die Sinne streichen,
mit liebevoll und weichen
Tupfen meiner Muckeligkeit.
Ich möchte der stille Tröster sein.
Ich wünsche Euch, seid nie allein
und fühlt Euch wohlig herzlich ein.
Ich möchte Euer Herz beschenken,
den Zauber in die Bahnen lenken,
der Liebe ihren Platz bereiten.
Das alles möchte ich wirklich gern,
in dieser lieben Zeit der Zeiten...
ich sehe Euch ... auch aus den Weiten!

Ich komm ins Haus und rieche schon,
Du bist schon vor mir da.
Dein Duft ereilte meine Sinne,
ich lausche Deiner Stimme,
die zart und singend spricht:
Na Du bist nass, erkälte Dich nicht.
Komm schnell hier her, das Feuer ist an.
Ich trage meine Tasche, dann
umfällst Du mich mit einem Kuss,
wie schön, dass ich Dich halten kann,
weil ich heute Wärme spüren muss.
In manchen Tageszeiten,
da fällt er mir schon schwer,
der Glaube, dass Du nicht mehr gehst.
Ich liebe Dich so sehr, dass gleich mein Herz
vor Freude springt. Ich hör mich reden:
"hör, sie singt" und lächelnd summ ich mit.
Das Du und ich, gemeinsam hier,
ach wunderschön, ganz einfach wir.

Ich kritzele schnell auf dies Papier
die Worte, die ich sonst nie sag
im ganzer Eile für Dich auf,
bevor ich gleich mit allem Mut
über das "Lebens-Hochseil" lauf.
Ich wollte sagen, ach wie schön,
dass es Dich für mich gibt.
Ich wollte sagen, passe gut auf,
damit Dir heute nichts geschieht.
Ich wollte sagen, lass mir Zeit
ich schaff es nicht so schnell.
Und ich wollt sagen : wundervoll,
in mir da scheint es hell.
Ich wollt noch ganz was Wichtiges
nur heute und ganz laut hier sagen,
doch bin ich doch zu klöterich
und muss es wohl vertagen.

Ich kenn da eine kleine Frau,
und ja, ich kenn sie gut.
Sie trägt am liebsten alles blau,
und ihren viel zu großen Hut.
Sie wirkt auf Menschen sonderbar,
und scheint allein zu sein,
doch trägt sie inne: wunderbar
den hellen lieben warmen Schein.
Sie wohnt im Wald, das tut ihr gut,
kennt alle Tiere um sich herum.
Niemand spürt da Trauer, Wut,
so mancher hält sie wohl für dumm.
Sie redet nicht mit ihrem Mund
sie weiß sich anders zu behelfen,
tut mit den Augen alles kund
und flüstert nur mit Elfen.
Sie scheint allein, ja-ohne Fragen,
doch sie trägt Liebe - irgendwie
und kann mit Andersworten sagen,
"ach gebt Euch Liebe, liebt Euch wie
es Euch nur immer möglich ist"
Damit der Mensch das nie vergisst,
da schenkt sie jedem einen Schatz.
Ein Schächtelchen aus Elfenholz,
gefüllt mit eben diesen Satz.

Die Decke wärmt mich nicht so richtig
und draußen weht und stürmt der Wind.
Es ist mir grade gar nicht wichtig,
weil wir hier beide gemeinsam sind.
Mich wärmt hier eine andere Kraft,
die blüht hier förmlich auf.
Erweckt in uns den Lebenssaft,
mein Gott ich freue mich drauf
hier ewig so zu sein.
Doch frag ich mich, was hältst Du da
in Deiner linken Hand.
Und ich frag Dich und Du sagst "ja,
das ist das, was ich fand".
Du machst die Hand ganz zaghaft auf
und lächelst da ganz mild,
Ein Puzzleteil mit Herzchen drauf,
das Teil für unser beider Bild.
Beseelt sind wir vor lauter Glück,
die Wärme hält uns warm.
So ist es da, das letzte Stück
und ich halt Deinen Arm.

"Es ist die Liebe" sprach das Glück.
Ich hatte da mal einen Traum.
Ein Teil im Traum, das warst wohl Du,
ich sehe Dir heute gerne zu,
wenn Du mir aus dem Sein erzählst.
Wie Deine Augen Töne schwingen,
erfüllt den ganzen Raum.
Ich kneife mich, ist alles echt,
ein wach erlebter wahrer Traum,
den ich so sehr genieße.
Ich schenke Dir mein ganzes Herz,
gefüllt mit meiner Liebe.
Ich lieb so sehr, Dich anzusehen,
ich werde niemals satt daran.
Und liebevoll da stehst Du still
nimmst einfach meinen rechten Arm.
Hier steht sie still die leise Zeit,
Erleben der Gemeinsamkeit
Erleben dieser Liebe.
"Es ist die Liebe" sprach das Glück
und lächelte ganz zart zurück.

Komm, ich streichele Deine Seele
solange bis Dein Herz beruhigt
in Ruhe weiter schlägt.
Manchmal ist er steil der Weg,
doch guck, ich bin ja da und
halte Dich in aller Stille.
Putz die Nase und die Brille,
die Sonne ist ja da für Dich.
Und kannst Du sie auch grade nicht sehen
ich zeige sie Dir: hier.
Und bis Du sie sieht, vertraue nur,
vertrau ganz einfach mir.

Du findest Deine Worte nicht?
Komm her ich halt Dich, fürchte Dich nicht.
Ich kann Dich auch sehr gut verstehen,
allein durchs in die Augen sehen.
Wir spüren einfach, lass uns sehen,
so kann es sicher weitergehen.
Hör ich Dein "hmmm", dann weiß ich schon,
dann sitzt Dir wohl was quer,
ich schmunzele, denn ich sehe Dich,
da gilt der Augenblick wohl mehr.
Wie gut an mancher Stelle,
dass ich nicht jedes Wort erhöre,
ich bin ja da, verlass Dich nicht,
und wenn ich jetzt was schwöre,
dann dass ich Dich ja immer sehe,
und nie von Deiner Seite geh.
I am your angel, I can fly
und hab Dich immer dicht dabei.

Ich mag das muckeligste Wort
und schreib es gerne auf.
Ich liebe sehr den roten Mohn,
in jedem Jahr da wart ich drauf.
Ich mag die kalte Flasche im Nacken,
ja, guck auch ich hab meine Macken.
Ich mag über die Liebe schreiben
und bunte Fäden spinnen.
Und könnt ich singen-ich würde es tun.
Ich schau den Kindern gerne zu,
die weit entfernt im Park, im Sand.
Ich mag den Zauber in der Hand,
zum Träumen einfach schön.
Und ich mag gern die Weite sehen,
am liebsten die am Meer.
Das wundervollste Wortgeflecht
das denk ich mir dann her.
Und mittlerweile ist es so,
ich möchte gern die Sonne sehen,
sie funkelt und besprüht den Blick
in zauberhaften Weiten.
Den Seelentraum begleiten
was für ein wunderschöner Satz.
Ich möchte gern zu Hause sein,
und warme Füße haben. Und würd mich dann
im Schneidersitz an diesem Wort erlaben.

Herzflüstern ist wie Erdbeermilch,
es fühlt sich cremig an.
Ich lache, weil ich denken muss,
was ich da noch zu sagen kann.
Es ist wie Watte über Klee,
wie Elfenstaub am Meer.
Das Flüstern leisester Musik,
ganz fluffig, gar nicht schwer.
Es fühlt sich an wie Elfenwort
und hört sich auch so an,
ein Schatz wie in der Kiste,
wie das, was ich vermisste.
Herzflüstern ist wie Du ganz da,
das ist doch zauberhaft.
Was dieses kleine Wortspiel schafft,
Du bist mit wundervoll und
nah.

Die wunderschönsten Farben,
die kommen in den Sinn,
wenn ich an Deiner Seite...
der rote Mohn blüht mittendrin.
Ich freue mich an Farben, auch die
in Deinen Blicken - und fast wie aus Versehen
streichst Du mir meinen Rücken.
Das ist doch zum Verzücken,
das Leben hier im Sommerland.
Die Sonne gibt sich alle Ehre
und Du an meiner Hand,
kurz denk ich, wie es wohl wäre
doch dieser Gedanke hat keinen Bestand,
denn immer noch - fast eine Ehre
verbindet uns Liebe, so wie blaues Band.

Ich beobachte schon lang
den lieblichen Gesang der
zwischen beiden klingt.
Was jeder neue Tag nun bringt
ähnelt dem Labyrinth der Liebelei.
Und dabei ist es einerlei,
welch Fühlen grade den Tag bestimmt.
Ich höre ja, die Seele singt und
schafft den Einklang in die Schwingen
der Zweisamkeit zu bringen.
Liebe, Zartheit, weicher Duft,
welch Zauber liegt da in der Luft.
Umärmelung mit Zweisamkeit,
Veränderung der Einsamkeit
und wohliges Gefühl im Wind der Harmonie.
Verlasst die Schwingengleiche nie,
ich würde es bedauern und sicherlich
und ganz bestimmt um diese Liebe trauern.

Nichts ist so wie es scheint.
Wenn auch gerade der Himmel weint, so
heißt das ja noch lange nicht,
dass nirgendwo ein helles Licht der Sonne
gerade Walzer tanzt.
Und wenn ich Deine Stimme hör und
es klingt schräg im Klang,
obwohl Du ihn ganz krampfhaft sucht,
den Schein der Stimme frohen Gesang,
dann hör ich doch den Unterton
und steh vielleicht vor Deinem Tor.
Ich weiß, das käme Dir komisch vor
und dennoch tät ich es bestimmt.
Weil eine Träne, wie ich finde, nicht
einfach einsam fließen soll.
Ich würde es hören, Du hörst es auch
und das ist doch der Sinn.
Wenn Dir mal gerade der Himmel weint,
dann bin ich da und komm dahin,
wo Du auch immer bist.
Das Schöne an dem Ganzen ist,
es geht nicht aus dem Geist.
Und zwischendurch und mittendrin
ist das der Freundschaft Sinn...Du weißt...

Es gibt so viel Erinnerung
die zwischen uns schwingt.
Und immer, wenn im Radio
die Lady singt, der Name ist gerade weg,
dann muss ich lachend inne halten.
Das Lied erfüllt den Zweck.
Es gibt so schöne Momente
die zwischen uns sein dürfen.
Gemeinsam die zu süße Bowle schlürfen,
um dann im angetünten Sein
Schiffe auf der Elbe zählen.
Guck noch mal eben...Du bist mein.
Da ist die Liebe in den Herzen,
wohl tanzt sie das Ballett.
Ich spüre Leichtigkeit wie Seidentuch
und zarten wie auch schweren Hauch.
Was wir hier machen ist der Versuch,
Doch liebst Du mich, ich lieb Dich auch!

Leise sein und sich nicht wecken,
still das Sein, den Schein genießen.
Dann plötzlich kitzelnd sich so necken,
Tränen, die vor Lachen fließen,
Du allerbester Weltmoment.
Ich könnt Dich halten, stundenlang
und immer nur so schweigen.
Hör des Lebens stillen Gesang
und tanze mit Dir in dessen Reigen.
Ein Jammer, wer das so nicht kennt.
Hab ich Dir heute schon gesagt,
ich lieb Dich wirklich sehr.
Es ist Dein Blick, der manchmal fragt.
Ich geb Dich nie mehr wieder her.
Das Feuer in der Seele brennt.
Lass uns dies Sein und den Moment
für immer unser Heilig sein.
Das Glück, was feurig in mir brennt,
wärmt Herzen, fühlt sie wohlig ein.
Und immer noch halt ich Dich fest im Arm.
Das Glück, die Liebe - welch ein Fest,
es wärmt das Herz und hält Dich warm.

Liebevoll so hält er Dich
im Arm und hält Dich weich.
Er schützt und hütet Deinen Weg,
beäugt Dich, macht Dich reich,
erfüllt Dein Herz mit Liebe.
Schön wie lieb er Dich beschützt,
engelhaft sein kleiner Blick.
Niemand zweifelt an dem Sein,
genügsam schenkt er Dir das Glück.
Erhaben wirkt er, gar nicht klein.
Liebesengel, er ist Dein.

Heut treibt mich wohl die Stille um,
ich finde heut kein Ziel und Wort.
Im Kopf der allerschönste Ton,
und aus dem Mund ist alles fort.
Ich weiß Dir heute nicht zu sagen,
was schwer im Geiste schwirrt.
Wohl kann ich artig zeigen,
wie sehr ist dieser Mensch verwirrt.
Heut wünsche ich mir das Fühlen,
doch ich bin viel zu weit.
Und kann selbst ich nicht spüren,
das ändert wohl die Zeit.
Die Einsamkeit erschreckt das Sein,
verdunkelt sich die Weite.
So ist der Ursprung wieder meine
ureigenst eigen Seelenseite.
Ich wünsche mich an eine Seite,
die ohne Wort versteht.
Und milde lächelnd an der Weite,
für eine Zeit die Zeit verdreht!

Verschließe Dein Herz
wenn Du Sorge hast es könnte brechen
nicht vor mir.
Verschließe Dein Herz
wenn Du vor Sorge Trauer trägst
nicht vor Dir.
Verschließe Dein Herz
wenn Du Sorge hast zu zerbrechen
nicht vor der Liebe.
Wäre sie alles was Dir bliebe,
so wärst Du ein reiches, mutiges Wesen.
Das ist nicht alles gewesen,
die Liebe zeigt den Weg.
Und der Beginn ist der erste Schritt.
Und wenn Du Dich traust - ich gehe mit.

Die Sehnsucht sucht
den Tropfen Liebe in der Hand.
Der Sehnsucht Sucht
raubt allen Verstand.
Die Sehnsucht wohnt,
so scheint es mir
in einer Bucht...dem Ziel
für meine mögliche Flucht?
Zuflucht in der Sehnsucht Bucht,
was für ein großer Satz.
Und alles nur weil Sehnsucht sucht
was sucht sie denn,
den wahren Schatz?
Ist Sehnsucht weichgespülte Sucht
gestrandet in der Bucht?
Die Sehnsucht sucht
den Tropfen Liebe in der Hand.
Nun guck doch mal, was
ich gerade fand.

Du siehst müde aus, als Du den Weg
von meinem Haus in langen Schritten leise gehst.
Du brauchst Ruhe, denk ich und ich friere
behalte stur die Jacke an und stiere
Dir nach.
Gemach, gemach so denke ich und lass Dich tapfer sein,
und wieder mal, da fürchte ich, fühlst Du Dich
so allein.
Ich wollt noch rufen, doch der Ton entsprang nicht
meinem Mund...
ich weine, leide still in mir und suche
einen guten Grund
der Stimme wieder Laut zu geben.
Die Töne kleben, mir wird wirr und weit entfernt
drehst Du Dich um.
Ich glaubte, Deinen Blick zu sehen obwohl die Weite
war schon weit.
Doch Du gingst weiter ohne Halt, zum Bleiben
fandest Du nicht die Zeit.
Ich wünsche mir, es geht Dir gut in diesen
fremden Kissen. Am Zaun hängt noch
der Sonnenhut,
ich werde Dich vermissen.

Fast unberührt so steht sie da
und niemand nimmt sie wahr.
Sie steht und nur der Wind
besingt ihr kleines Sein.
Wie kann das sein, dass niemand sieht
wie dann das Wiegen überwiegt?
Ist sie zwar schön, doch nur zu klein?
Das schönste Rot, das stellt sie dar,
hätte ich in diesem Ton ein Kleid
ich wäre sogleich der schönste Star,
und jeder würde es sehen.
Doch an der kleinen Dame Mohn
sehe ich die Leute vorübergehen.
Dabei ist Schönheit in der Mitte
und nicht in Größe wichtiger.
Beachte das Kleine, das ist die Bitte
auch die Perle der Kette in der Mitte,
wenn sie fehlt, dann fällt es auf.
Sei achtsam nimm die Schönheit auf.
Die Dame Mohn, sie wartet drauf

Der wundervollste Augenblick ist doch der Blick
in Deine Augen.
Diese Tiefe, diese Weite und um uns herum da blüht der Mohn.
Du korrigierst: das ist nicht Mohn, das ist der Mond, der still uns dieses
Glück bewacht.
Ich lache, denn Du hast gesagt, dass uns der Mond bewacht...
wir haben gar nicht Nacht.
Ich könnte stundenlang hier sein und Glück und Liebe still versprühen.
Und sieh - und doch, die Blumen blühen.
Der Tag verstreicht und auch die Angst die geht uns aus dem Sinn.
Denn spürbar halten wir uns fest und spürbar
ist die Liebe in
der wundervollen Zeit, der Zeit der
Zweisamkeit.
Ich lieb Dich wirklich sehr, komm ganz bald
wieder her...der Mond der wartet still,
weil er uns doch bewachen will.

Er ist ja wirklich zärtlich,
ummantelt meine Seele.
Prickelnd wie der kalte Sekt
im Abgang unglaublich perfekt.
Er ist wie Sommerrausch,
beim Tausch der Elemente.
Er fühlt sich an wie Samt
und ehrlich - insgesamt
erscheint er mir wie eine Sucht.
Hast Du dies Prickeln auch gekannt,
wo plötzlich aller Sinn Dir schwand?
Und sich die Erde wandelte vor lauter Glück
im Rosa verschwand?
Erinnerst Du den Augenblick,
als Er Dir dieses Fühlen zeigte?
Mein erstes Mal war auf dem Fluss,
da spürte ich
den ersten Kuss!

Federleicht, so schwingt die Zeit
die Zeit der Einsamkeit.
Die Stadt erscheint mir turbulent,
der kleine Hund - der da hinten pennt
erhascht nicht diese Flut.
Das ist ganz sicher richtig gut, der
Sturm treibt sich nicht minder
mit Fokus dicht im Kopf.
Was bist Du Stadt, wie heißt Du noch
ich liebte Dich, ganz sicher...doch
ich war die Jahre hier zu Haus.
Und jetzt finde ich den Weg nicht raus.
Die Einsamkeit, sie treibt mich um,
berücksichtigt mein Sein.
Und einsam hier und einsam da,
wie kann s woanders anders sein?
Der Mensch braucht Mensch um
Mensch zu sein, das hab ich heute gesehen.
Und wieder mal treibt sie mich um,
wer kann das schon verstehen.

Ich sitze hier mit Dir im Sand
und male mit dem Weiß der Wolken
das dollste Leben mit der Hand.
Wie Zauberstäbe wiegen sich
die Finger meiner Hand und haben sicher
längst erkannt, was ich hier wolkenmalen will.
Da Bild geht mit dem Wind, das nächste
kommt geschwind und macht sich
viel, viel schöner - schau:
da malt sich in die Wolken die
wunderschöne Frau, sie lacht und hat ein
Auge...geworfen nur auf mich.
Ich sehe, Du siehst - ich freue mich
und lache Dich dann an.
Da siehst Du mal, wie so ein Tag
am Strand, bei Sonne zaubern kann.

Küss mich hier
und spüre wie vor Glück die
Seele implodiert.
Küss mich da
und fühle die
Herzen schlagen ja,
spontan im gleichen Takt.
Küss mich im Kerzenschein
und wir ahnen beide,
wir sind nicht mehr allein.
Küss mich bei Nacht
und wie der Zauber Funken sprüht,
hat Liebe mit uns was gemacht.
Küss mich!

Ich möchte nochmal die Liebe schreiben,
die wie Wind in den Weiden
sich ein Zuhause sucht.
Die Wände, die sich bauen,
Zweisamkeiten, die sich trauen,
und immer hell das warme Licht.
Ein Licht, das muckelig verspricht,
auch wärmend sich die Herzen wiegen.
Gefühle die wie Sterne strahlen,
Gefühle, die den Zweifel besiegen.
Ich möcht nochmal die Liebe schreiben,
was sag ich - ich male sie in bunt,
ein Bild wie rund in voller Pracht,
wie schön, sie hat Euch Licht gebracht.
Ich möchte nochmal die Liebe schreiben,
ein Buch gefüllt mit Liebe...
und jedem dem ich es schenke,
dem wünsche ich - sie bliebe!

In die Weite schauen und ohne Furcht
auf Morgen bauen.
Die Weite sorgt für klaren Blick,
und geht der Blick doch mal zurück,
dann bitte ohne zornesroten Kopf.
Das Morgen hält die Wunder inne,
und Liebe haucht sich seicht dazu.
Im Hier und Jetzt herrscht stille Ruh,
setzt Du Dich dazu
und schaust den selben Blick?
In der Stille ruht der Trick und Augen
machen weit...wie zauberhaft die Zeit.
Die Zeit ab heute und morgen,
gewünscht, erhofft und ohne Sorgen.

Vergleichbar mit dem Bohnenkraut
so wächst sie über Nacht.
Nie hätte ich ihr zugetraut
was sie mit mir so macht.
Ich find, sie ist wie Erdbeereis
sie ruht in meinem Herzen,
erst kalter Hauch, dann wird mir heiß.
Fast ist sie wie die Achterbahn
(allein beim Schreiben wird mir schlecht)
die Seele tanzt im Muckelwahn,
so wie es ist, so ist es recht.
Ja sicher, es ist sicher so,
sie wächst wohl über Nacht.
Ganz reizend und ganz wundervoll
hat sie mir Dich gebracht.
Ich wünsche mir, dass alles bleibt,
das Eis , die Achterbahn im Sinn,
und ich verspreche ich bleibe auch,
da ist ja so viel Liebe.

Von "weise" heute weit entfernt,
sitzt sie im Garten baumelt still
und zählt die leisen Lüfte.
Den Tee wie immer aufgewärmt,
nichts, was sie heute anders will
es wabbeln Kuchen-Düfte.
Von Schmetterlingen still umschwärmt,
auch ihr Atem leise, still
das sind sie wohl, des Sommers Lüfte.
Von "weise" heute weit entfernt
im Nacken sitzt der Schalk und will...
sie baumelt, wenn sie das nur wüsste.

Wenn hundertfach der Regen fällt,
und Deine kleine Muckelwelt
ist innen so wie außen nass.
Geh extra in den Regen raus,
was glaubst Du : was ein Spaß,
im Tanz der Tropfen mitzuschwingen.
Die nasse Kleidung kann man wringen,
für alle Not, da nimm den Schirm.
Ich lass ihn Dir, für eine Zeit,
wo ich nicht Mantel für Dich bin.
Und ich bin sicher, er ist da,
wenn Dir der Regen Seelenstaub
vom Herzen waschen will.
Das was in Deiner Seele ruht,
das bleibt Dein kleines eigen Gut.
Und was der Regen außen tut,
beschützt ja nun der Schirm.
So bin ich aus der Ferne auch immer für Dich da,
und Sonne scheint bald wieder
das weißt Du, dass ist sonnenklar.

Möglich, dass es lange dauert,
denn ich sehe Dich überall.
Ich denk auch immer noch an Dich
grade heute, denn ich fürchtete mich
wie immer war Gewitter.
Das ist schon wirklich bitter,
findest Du nicht auch-wir hatten sie
die schöne Zeit - und jeden Tag
den lieben Brauch zu fragen :
"na, mein Herz, wie war Dein Tag"
Ich höre noch, wie ich das sag
und sehe wieder Dein Gesicht.
Unglaublich, denn ich ändere nicht
die Tat und den Bestand.
Doch weißt Du, was ich heute
beim Regen stumm im Keller fand?
Deinen alten bunten Schal...
der Duft von Dir, noch da, doch fahl.
Ich wurde mild und lachte,
ich sag nicht, was ich dachte...
ich legte ihn da wieder hin,
ein Schal im Sommer macht wenig Sinn.
Möglich, dass es lange dauert,
denn ich sehe Dich überall.
Ich denk auch immer noch an Dich
und wünsche mir, denk auch an mich.

Ich bin alleine ohne Dich,
ich fühle mich
wie "ohne Halt"
und manchmal ist mir dann auch kalt.
Ich bin traurig ohne Dich,
ich ahne, ich
kann nur durch Deine Worte reden
und brauche Dich wie Luft zum Leben.
Ich bin schlaflos ohne Dich,
ich fürchte mich
Du weißt bei Nacht
hat Du mir diese Ruh gebracht.
Ich bin nicht glücklich ohne Dich,
Du liebst mich ja und ich lieb Dich.
Heute kam mir das wohl in den Sinn,
und schrieb es auf : mit Liebe drin.

Im Kämmerchen da schlummerst Du
da hast Du fest den Platz.
Da findest Du die tiefe Ruh
vollende diesen Satz:
Ich liebe es so hier zu sein,
hier bin ich sicher, weil…
Was da jetzt kommt, dass fällt Dir ein,
es ist so wie Dein festes Seil,
was Dich vor Sturm bewahrt.
Im Kämmerchen da schlummerst Du,
das ist der Platz in meinem Herz.
Und was ich kann, dass mach ich, Du
vertreibe Dir den ärgsten Schmerz.
Im Kämmerchen da schlummerst Du,
ich wünsche Dir die Nacht.
Damit Du ganz ruhig schlafen kannst,
hab ich den Zauber mitgebracht!

Wundervoll und sternenhell umrunden wir die Nacht.
Du hast den Zauber mitgebracht und puderst meine Welt.
Ich liebe Dich so wunder-voll...das ist doch das, was zählt.
Wir malen sternenhell das Bild und lachen, denn wir sehen
am weiten Himmel über uns den Mond spazieren gehen.
Ich halte und ich liebe Dich, nicht nur in dieser Nacht,
die Zeit, die Weite - alles steht, der Zauber ist vollbracht.
Seelenliebe, wundervoll wie ist es sternenhell.
Der kleine Wind erfrischt die Haut, der Morgenvogel flüchtet schnell
um diesen Zauber nicht zu stören.
Ich möchte jetzt Deine Stimme hören,
ach komm und flüstere leise...ich halte Dich derweil
auf altbekannte Weise. Ich lasse Dich nicht los,
bist immer hier, bist immer da, bei mir in meinem Schoß!
Seelenliebe, wundervoll und sternenklar die Nacht,
ich liebe Dich - ganz zauberhaft - Du hast mir Licht gebracht.

Sie möchte mehr von Dir.
Sie möchte Meer mit Dir erleben,
und singend sich vom Boden heben.
Sie möchte mehr von Dir.
Sie möchte das Salz im Meere schmecken
und kunterbunte Welt entdecken.
Sie möchte mehr von Dir.
Sie möchte dem Meeresrauschen lauschen,
und mit Dir still Gedanken tauschen.
Sie möchte mehr von Dir.
Sie möchte am Meer die Weite sehen
und dabei in Deinen Augen spazieren gehen.
Sie möchte mehr von Dir
wann gibst Du es ihr?

Seelenstaub und Kullerträne, frage den Mond
der kennt die Sucht.
Weil er doch der ist, der sie sucht,
die Süchtigen der Nacht.
Mondsüchtig den Raum spüren und
und sich dabei ganz schwer verlieren,
in der Weite dieser Sucht, die leider
oder Gott sei Dank auch mal die Kullerträne sucht.
Sie mischt sich dann mit Seelenstaub
und wird zu einer Perle klein.
Und unscheinbar doch in sich friedlich, rein.
Vielleicht nicht besser aber gut
das ist der Weg der Mondessucht,
die eifrig und auch immer
den Staub und seine Träne sucht.
Das Feine ist dem Ganzen hold
und wartet auf den Sinn.
Und wie man sieht, auch da ist Gold
und so viel Weisheit drin.
Seelenstaub und Kullerträne,
ich sag s nochmal, und ich erwähne
sie warten auf den Sinn,
weil da ist so viel Weisheit drin.

Ich sehe dem Tag bei Schlafengehen zu
und folge ihm mit meinem Blick.
Mir fehlt da was, für tiefe Ruh,
ich wunder mich, geht es zurück?
Ich hab so gern die Kühle
im Nacken auf der Haut.
Ein festes Ritual - für mich ja so vertraut.
Vertraut ist ja auch ihr Gesang
erinnert er mich wie es war,
als Flüsterwolken hier und da
uns bunte Bilder malten.
Ich habe sie behalten, sie sind in meinem Sinn.
Ich schüttele und ich wunder mich,
der Müdigkeit beraubter Sinn kennt heute keine Ruh.
Drum sitze ich wohl länger hier
und schaue mit verklärtem Blick beim Segelfliegen zu

Jacke ziehen und Ohren spitzen
laut und kraftvoll singt das Meer.
Das Wasser plätschert durch die Ritzen,
ich sehe keine Sonne mehr.
Die Wolken malen grau und weiß
und weißt Du, was ich noch so weiß,
ich lausche gerne Deinem Sein
und höre gern dem Atem zu.
In allem Sturm der Seelenruh
bin ich so gerne Gast bei Dir.
Bei Dir in deinem Herzen.
Ich könnte stundenlang verweilen,
mit Dir die große Decke teilen und
Rauschen übersetzen.
Des Wassers Klanggesang erinnert mich an Dich,
ich spüre und erwische mich,
wie Denken einfach zu Dir reist,
und sicher Dir damit beweist,
ich liebe Dich schon sehr.
Du liebes Herz am weiten Meer!

Ich zähle Zeit und Weite,
und sicher, ich bereite die weite Zeit dann vor.
Ich stehe oftmals vor dem Tor
und schaue in die Weite.
Die breite Fläche, die sich gibt
war die wohl jemals so beliebt,
dass sich das Schreiten lohnt?
Wie immer, es betont sich schwer der
Augenblick.
Ich möchte nicht zurück,
ich möchte weiter, Stück für Stück
und Weite so in echt erleben.
Was würde ich wohl dafür geben?
Wozu bin ich bereit?
Das alles ist die Frage, die Frage an die Zeit.
Ich zähle still die Weite und bin bereit zu sehen.
Und würde wohl zur rechten Zeit
mit Schwingen in die Weite gehen.

Allein das Wissen, Du bist da
erfüllt das Leben wunderbar.
Ich schreite anders durch die Welt,
aus den Augen quillt beseelt
das kleine Fünkchen Glück.
Und dann das Wissen, Du bist bald
mit mir in dem geheimen Wald.
Sich halten und die Wärme spüren
bei Nachteinbruch sich zart verführen
von diesem Glück möchte ich das Stück.
Allein das Wissen, alles bleibt,
erleichtert mir die lose Zeit.
Spüren wie ich warten kann,
und wenn ich Dich dann halte, dann
erlischt die lose Einsamkeit.
Dann ist sie da, die Zweisamkeit.
Allein das Wissen macht mich froh,
ich weiß, Dir geht es ebenso...
so bleibt die Weite, weite Zeit.
Das Du, das Ich, das Wir ... zu zweit.

Das Meer beflüstert manchmal laut
den Rand der Welt und baut
sich wütend, tosend, brüllend auf.
Ich steh da und der Tränenlauf
passt sich dem Getose an.
Nichts, wo man sich halten kann,
die Hoffnung in der Flut.
Wenn Ebbe kommt, so sagte man,
ist alles still und wieder gut.
Doch grade beflüstert es sehr laut,
die Seele, die Augen, meine Haut,
und nichts scheint da wie Milde zu sein.
Der Mensch am Meer, still und allein,
kämpft sich tapfer durch die Flut.
Die Hoffnung ist, wenn Ebbe ist,
ist alles wieder gut,
ist bald für mich die Ruh zu sehen.
Und wie auch immer, irgendwie,
es wird schon weitergehen.
Dann flüstert es wohl leise,
das Meer am Rand der Welt.
Und weitergetragen, wie mit Wind
wer weiß, was es mir dann erzählt.

Und sie sitzen auf der Bank
und halten sich die Arme.
Die Decke, die große, die warme,
umschlingt sie wie ein Hauch.
Und ja, der Atem auch...
beschützend fast und mild zu sehen,
wie sie im Einklang weiter flehen:
Ach lass mich nicht allein.
Ich möchte Dein Beschützer sein
und in der Stille für Dich mein
Herz an Deine Seite stellen.
Achtest Du auf Dich, und hast
Du es auch warm?
Ich bitte Dich, missachte nicht
Dein Herz liegt mir am Herz.
Und spüre ich doch wenn Kummer naht,
und spüre ich doch den Schmerz.
So sitzen sie, so halten sie
im Abend still den Rat der Liebe.
Und als Betrachter fragt man sich,
wie wäre es wenn ich bliebe,
um diesen Sein noch lang zu lauschen.
So mach ein Jemand möchte tauschen.

Wolken so zart am Himmelsaum
ich glaube mich in einem Traum.
Guck, siehst Du auch das blaue Bild
hast Du die selbe Weite?
Die Wolke rechts, sie tanzt so wild,
ach wärst Du doch an meiner Seite.
Ich schubs die Denkmaschine an
und denke Dich zu mir.
Welche Wunder man so bilden kann,
ich schlage Augen auf und hier
da rieche ich jetzt Deinen Duft,
vielleicht ist es auch Sommerluft,
die mich hier träumen lässt.
Auf jeden Fall, so wünsche ich mir
dass Du mich nie verlässt.

Hier würde ich gern zu Hause sein
und Seele baumeln lassen.
Hier tränke ich gern den roten Wein,
das wäre doch nicht zu fassen.
Hier würde ich gern, zu zweit mit Dir,
die Tage still genießen.
Und wäre zart, das glaube mir,
ganz zart, wohl auch mit Küssen.
Hier könnte doch das Heime sein,
was uns zum Glücke fehlt.
Das Dach ganz schief, die Fenster klein,
egal, weil es beseelt.
Der Frieden scheint auf diesem Land
die Rolle anzugeben.
Und wunderlich, wie ich es fand.
hier würde ich gerne leben.
Gemeinsamkeit mit Dir und mir,
im Garten wächst der Mohn und Klee.
Komm her, komm her, ich zeig es Dir,
ich zeige Dir, was ich hier seh.

Welch Rauschen - Duft wie dieser hier.
Ich liege im Lavendelmeer
und atme still die Milde ein.
Wie kann der Duft wohl lieblicher sein,
die Wärme sprüht den Duft umher,
ich hab das Kraut im Haar.
Ich atme still und atme tief,
Lavendelfeld wie wunderbar.
Die Farbe weckt die Seele auf,
der Duft tanzt sich dazu.
Mit aller großer Seelenruh,
jetzt setze Dich doch dazu.
Wie honigsüß und liebevoll
betört der Duft den Sinn.
Lavendelfeld der weiten Welt,
mit Sinneszauber tief darin.
Ich bade und genieße
das Blaue und den Duft,
und sicherlich - auch dieses mal
liegt Zauber in der Luft.

Sonnenschein im Mondeslicht
ja, ich weiß - das geht so nicht
doch trifft es doch den Punkt genau
so fühlst Du Dich doch wenn Du blau
und rosa Wölkchen malst
vor Glück.
Da lehnst Du Dich getrost zurück und macht
die Augen blinzelklein,
das Innerste vor Freude gluckst und lacht
in Dir der Sonnenschein?
Der Schein der liebsten Liebe?
So dürfte es doch täglich sein, auf der Insel
Deine Glücks.
Nun blinzele doch, nun sieh doch mal
der wolkenbunte Pinsel
durchtaucht die Farbe bunt.
Und eh Du Dich versiehst, küsst
Liebe Deinen Mund.
Sonnenschein im Mondeslicht
und wie Du siehst und siehst - es geht.
Die Liebe schenkt Vergissmeinnicht
und zarter bunter Wind - er weht.

Leise Töne.
Alles Rot, dem Herz vertraut,
im Herzen still vereint.
Nicht leise Träne, die da weint,
die leise Freude, die da lacht,
und Augen der Betrachtung munter macht.
Leise Töne.
Und alle Töne in sich rot,
der Farbe für die Liebe...seicht.
Ein seichter Ton, das Auge reicht
bis in die Tiefe.
Als liefe innerlich die Farbe,
ummantelt still das Herz.
Ein warmer Ton, fern ab von Schmerz
ein Ton so mit der Röte voll...
gefüllt mit aller Macht.
Ein Rot der Liebe zugedacht.

Es ist gut, wenn der Weg hell ist
und auf Deinem Weg eine Lampe scheint.
Damit Du einfach nicht allein bist,
wenn ganz vielleicht die Seele weint.
Es ist gut zu sehen, wohin
die Reise geht - es ist nie zu spät
die alten Wege zu verlassen.
Du könntest sonst verpassen, wie wundersam
die Weite ruft. Die allerschönste Luft
die liegt da in der Luft.
Und siehst Du auch die Weite Kluft,
das Lichtlein ist ja da.
Und leuchtet Deine Wege und leuchtet
wunderbar. Am Boden kriecht das Helle
wie eine Lichterwelle und scheint bereit zu sein.
Hab keine Angst, bist nicht allein,
die Seelenzauber weiten sich,
und siehe da, sie herzen sich.

Ich bin so müde heute.
Das Reden der Leute da draußen ist Lärm
und die Ohren sind weit und die Sinne sind fern.
Ich bin so müde heute.
Das Plätschern vom Wasser, das schläfert mich ein,
der Atem begleitet das hilflose Sein.
Ich bin so müde heute.
Die Augen wie Blei und die Seele wie Teer,
ich sehne mich nach Schlaf und ich sehne mich nach mehr.
Ich bin so müde heute.
Das Kissen mein Freund und Ruhe der Traum,
ich sehne mich schlafend nach Stille im Raum.
Ich bin so müde heute.
Ich lege mich schlafend am Tag sogar hin,
die Haut an den Enden umnachtet den Sinn.
Ich bin so müde heute.
Heute ist was wie Sonntag, der Kopf wie erfror n,
Augen so müde - ich hab mich verlor n.
Ich bin so müde heute.
Komm leg Dich doch zu mir, da haben wir Platz,
Dann würde ich sagen: ach schlafe gut mein Schatz.
Ich ...

Wie Du Dein Haar schüttelst und rückst,
wie Deine Seele vor Freude so hüpft,
wie Deine Wangen sich röten vor Glück
und wie Deine Augen so strahlen - verrückt.
Wie ich Dich sehe, so sehe ich Dich
und jede Sekunde, da wunder ich mich,
denn was ich sehe verzückt mein Herz.
Ich liebe Dich seit kurz vor März,
und täglich wird es mehr.
Gedanken türmen sich wie doll,
mein Herz und Dein Herz sind so voll,
so voll gefüllt mit Liebe.
Ach Liebling, das es bliebe
das wünsche ich mir sehr.
Und wenn ich noch was wünschen könnt,
dann komm doch bitte her!

Lass den Schmerz nicht mächtig sein,
wenn Du heute Nacht die Kälte spürst.
Muckel Dich, mach Dich ruhig klein,
ich sehe Dich, und guck Du führst
ganz leise Deine Arme um Dich
und wiegst Dich leise ein.
Du musst ja hier nicht einsam sein,
ich bin ja da für Dich.
Und guck, ich halte Deinen Arm
und bitte Dich: ach fürchte Dich nicht.
Ich bin Dein Engel, bin ja da
und sehe Dich im Schein.
Da könnt das Nest in dem Du wohnst,
ja noch viel kleiner sein.
Es ist nicht schlimm, der Trost ist da,
und mollig wird Dein kleines Herz.
Ich wiege Dich bis Du schlafen kannst,
und puste weg den Schmerz.
Lass den Schmerz nicht mächtig sein,
Du bist beschützt, bist nicht allein.

Manchmal ist die Liebe
doch wirklich wie die Tasse Tee.
Du hältst sie in den Händen,
sie wärmt von oben bis zum Zeh.
Ach ist das nicht ganz wundervoll,
was sie so mit uns macht?
Sie hat in unser Leben
die Fröhlichkeit gebracht.
Nicht dass sie vorher nicht bekannt,
so ist sie jetzt noch mehr,
das Lachen, Sein an Deiner Hand,
das weite Sein am Meer...
Ich liebe diese Zeit mit Dir,
und teile mit Dir Liebe.
Ganz sicher, denn ich freue mich
und wenn ich könnt - ich bliebe
in diesem Rausch bis immerzu.
Und das Du es glaubst, gebe ich Dir Ruh,
und schaufele voll Freude -
und weil ich es ja so gern sehe,
mit Löffelchen und Lachen Dir Kandis in den Tee...

Im Garten der Liebe verschwand einst ein Paar,
sie waren verliebt und sie küssten sogar.
Sie trugen sich Schätze aus Wort hinterher,
und lachten und scherzten, liebkosten sich sehr.
Sie liefen auf Wolken und tanzten beim Mond
und wer es gesehen hat, fühlte sich belohnt.
Sie liebten sich Augenschein, Sonne und mehr,
doch da sie verschwanden, da weiß niemand mehr,
ob sie wohl noch heute so glücklich vereint.
Doch einer der weiß er - das ist wohl der Mond,
weil er sich ganz sicher ist, wenn sich was lohnt.
Er lacht sicher weise und lächelt verliebt,
weil rein aus der Sicht vom Mond es Liebe doch gibt.
So äugt er die Beiden und schmunzelt sogar,
denn heute noch sind die Verliebten ein Paar.

Lieber Kullerkeks
so fängt er an der Brief, den ich hier heute fand.
Wie immer liebevoll verbunden mit einem blauen Band.
Mit zuckersüßen Worten umliebelst Du mein Herz,
allein nur schlicht vom Lesen, da spüre ich was wie Schmerz.
Meine Augen wandern still im Garten dieser schönen Zeit,
und lächelnd male ich das Bild komplett, in bunten Farben weit.
Ich male Liebe und den Sinn und Sonnenschein der Seele,
Du würdest lachen, wenn Du siehst welch Farben ich wohl wähle.
Ich mal mit Dir Erinnerung und zwar in Farbe bunt,
und rot wie Kirsch und Rosenrot bemale ich den Mund.
Die Augen blau wie Wasser tief, die Weite unumstritten klar,
ich stelle fest, komm gib mir recht-die Zeit war wirklich wunderbar.
Beizeiten fängt der Regen an und wischt das Bild wie Nebelschein,
ich fürchte mich kurz, und lauf schnell rein, betrachte nun das Blatt,
die Wasserfarben nun ganz wirr und doch in Farbe satt.
Es wird in hundert Jahren der Menschen wichtig sein,
denn irgendwer wird gleich erkennen, sie waren nicht allein
und liebsten sich wohl sehr.
Den Brief mit "lieber Kullerkeks" gebe ich wohl nie mehr her
auch wenn mein Weg ab hier und heute alleine weiter geht,
so glaub ich an die Liebe, die weise milde weiterbesteht.
Ich trag sie gerne in die Welt und packe sie in blaues Band,
und alles das weil ich heute hier das kleine Briefchen wiederfand.

Manchmal ist Klarheit der Weite so klar
wie das Breite des Nebels am See.
Und wenn ich dann so in die Weite sehe,
sehe ich doch manchmal die Hände schon nicht.
Da bettele ich flehend, ach gib mir doch Licht,
und jammere still und trotzig "ich fürchte mich nicht".
Die Klarheit der Weite, vernebeltes Sein,
manchmal, da fühle ich mich furchtbar allein.
Doch halt ich dann inne, und ganz klar im Sinne
der Findung - was immer ich such,
so manch einer hat manch eine Klarheit verflucht,
gesellt sich Entscheidung und Frieden dazu.
Und in mir da steigt dann die selige Ruh.
Manchmal auch die Träne, doch die kann nichts dazu.

Ja, ich liebe Dich wohl sehr,
und dank Dir für den Tag am Meer.
Die Stunden und die Feier, die Freunde und das Licht,
was Schöneres als diesen Tag, das gibt es wohl hier nicht.
Ich liebe Dich, für immer Dein, ich werde Dir die Treuste sein,
und ewiglich an Deiner Seite...und sicher auch dann in der Weite
Dein kleiner Muckelschnuckel sein.
Das diese Liebe wachsen kann, das ist so wunderbar,
und als ich sprach, oh ja ich will, da wuselt Wind Dein Haar.
Das Licht der Kerzen zauberhaft, Du hast das Glück im Blick,
und keine Stunde gebe ich her, und nichts gebe ich zurück.
Du weißt ich liebe Dich so sehr, Du nimmst mir Schmerz
das Herz wird leer und füllt sich mit dem Zarten, den Worten
Deiner Seele. Und bitte, ich erwähne noch:
ich liebe Dich, zum Himmel hoch, ich gebe Dich nie mehr her!

Wenn ich weiß, Du bist da kann ich laufen und reden.
Ich sehe jeden kleinen Schubs in Dir und bunte Fäden
binden die Herzen zu einem sogar.
Ich sehe so gern den Wind in Deinem Haar,
zauselt er die Locken wirr-und liebevoll beschützt Du mich,
mein Gott, mein Herz - wie lieb ich Dich.
Du bist die Sonne, wenn es schneit, das Licht die Lüfte,
himmelweit erahne ich, Du bist ja da.
Und auch im Schlaf beschützt Du mich und bitte ja,
ich danke . Ich bin glücklich wenn ich weiß um Dich.
So bitte ich Dich, verlass mich nicht und bleib in meiner Nähe.
Wenn ich allein am Abgrund steh so weiß ich um die Macht
und das, was Liebe mit uns beiden macht.
Die Angst verfliegt, die Liebe siegt und Milde schüttet aus,
und jeder Raum vom Seelenhaus ist hell, mit Puder strahlend voll.
Du füllst mich voll mit Leichtigkeit und zartem lieben Duft,
und steh ich oft alleine da, ich spüre Dich in der Luft!
Ich liebe Dich wie doll und finde kaum das Wort.
Geh nie aus meinem Leben weg, geh nie von mir ganz fort.

In den Weiten des Gefühls finde ich Zärtlichkeiten,
von Dir an mich und bade fast darin.
Dieser tiefe Sinn entzückt das Sein und Seele tanzt
den zarten Tanz vom Sinn des dein und mein.
Mit Dir und mir allein soll doch die Zeit still stehen,
und alle Hektik dieser Welt kann still an uns vorübergehen.
Zärtlichkeiten auch in Wort - das liebe ich so sehr,
und hör ich Dich - und spüre ich Dich,
ich gebe nichts davon wohl her
und tauche ein in dieses Glück.
Mit Augen zu und Stück für Stück
da nähern wir uns an. Wie wundervoll ich sagen kann,
ich spüre Dich - und dann
erleben wir die Zeit ab heut.
Mit Liebesklängen und Geläut besiegeln wir das Wir.
Und halten uns und bitten uns - bleib doch bei mir ,
bist sicher hier.

Manch einen Weg den geht man leise.
Auf eine ganz besondere Weise schleicht sich irgendwas dazu.
Da sucht man Ruh und findet Sturm
so kann es einem geh n.
Doch ist es nicht auch wunderschön
im Sturm ganz feste dazustehen ?
Den Wind, den liebe ich schon sehr, er zeigt mir seine Kraft.
Er macht mich sehend für "was kommt" und rührt mich an - die Seele schafft
den Sturm am Wegesrand zu sehen und leichter weiter durch zu gehen.
Der Weg an sich ist wunderschön und Neugier, die mich treibt,
zeigt wo vielleicht die Mündung steht
und welcher Wind am Ende weht.
Die Seele sucht den Weg.
Und eine Brücke und den Steg.

Ich glaub Du bist mein Diamant,
mein Sonnenschein am Sommerstrand.
Mein warmer Wind der späten Nacht,
was hast Du nur mit mir gemacht?
Du bist der Glanz in meinen Augen,
an Deinen könnt ich ständig saugen,
Du bist mein Schatz, mein größter Schatz,
Du bist mein Schein, in einem Satz:
für mich bist Du wohl wundervoll .
Ich weiß, Du bist mein Diamant,
der mich, wie glücklich einfach fand.

Es gab für sie wohl nie die Zeit
der absoluten Heiterkeit.
Und dennoch trägt sie Glück im Blick
und in den Augen zarte Seide.
So leicht wie Staub der Hängeweide.
Sie scheint so milde, trägt ihr Herz
fürs Leben auf dem Munde.
Und trägt mit Weisheit allerorts
fürs Menschenkind die Kunde.
Sie ängstigt sich, der Morgen naht,
und dann kommt ihre Zeit.
Die Zeit wo Kummer an ihr nagt
und Einsamkeit, der Weite weit.
Doch kommt die Nacht, dann achtet sie
den Kummer aller Welt,
und träufelt Glück und Liebe fein
für alle unterm Himmelszelt.
Sie ist wohl eine nette Frau,
das munkelt man wohl hier.
Doch niemand weiß das ganz genau,
wohl niemand, außer ihr.

Beschreiben würde ich Weite und Sonne, die wie warm
die Haut berührt.
Dein Arm der meinen zart bespürt und leise haucht der Wind.
Der Wolkenbrecher Kind,
so hast Du ihn genannt und bist mit ohne Schuhe und lachend weit ins
Meer gerannt.
Die Leute...ich höre Dich noch sagen,
und hinter uns da fragen Kinder nach dem Sinn.
Da steckt ganz viel Verliebtheit drin, erklärte ich dem Kind.
Und sorgenvoll sah ich Dir zu - er wurde stark der Wind.
Das Wasser spürte Deine Haut, ich habe in der Zeit dazwischen
aus Sand die große Burg gebaut
und warte nun mit Tee.
Und wie ich Dich da laufen sehe, da spüre ich es :
Glück!
Und sehe Dir zu bei Deinem Spaß.
Ich fülle Heißes in das Glas und Du kommst frierend, nass
zurück.
Das ist der Blick, der Sommertraum und ich hab es geliebt,
weil es - ich gebe ehrlich zu
wohl nicht noch Schöneres gibt.

Mein Herz sucht.
voller Eifer voller Sucht,
sucht mein Herz - was sucht mein Herz?
Mein Herz ruft.
kleine Stimme voller Schmerz,
ruft mein Herz - wen ruft mein Herz?
Mein Herz weint.
leise Stimme voller Träne,
weint mein Herz, was beweint mein Herz?
Mein Herz sucht.
voller Eifer voller Sucht
sucht mein Herz und findet sich
und nimmt sich in den Arm.
Und hört sich rasen - fühlt sich warm.

Ich möchte ins Meer plumpsen,
dabei vor Freude grunzen.
Im Dauerlauf laufen,
mir Himbeereis kaufen.
Ich möchte laut lachen
und Dummheiten machen.
Ich möchte Dich lieben
bis täglich um sieben,
ich möchte so gern schnattern
inmitten der Nacht
und hab dafür eigens ein Buch mitgebracht.
Ich möchte Dich umarmen mit Glück,
und nehme dies täglich und gerne zurück,
ich möchte so gerne in Frieden sein,
gemeinsam versinken, nicht allein.
Im liebsten Falle ruhend schlafen
im wundervollsten Sternenhafen.
Was möchtest wohl Du,
ich gesell mich dazu.

Lass mich Dir sagen Du bist mein
ich liebe Dich wohl sehr.
Ich möchte mit Dir gemeinsam sein,
und freue mich so mehr
ich Deine Augen sehe. Sie leuchten zauberhaft.
Wie hat die Liebe es geschafft
den Zauber zu entzünden?
Ich möchte Dich ergründen,
auf Spurensuche gehen. In diesem Sinne
bleib bei mir, ich möchte Dich besehen und
finden was der Schatz wohl ist.
Damit ich nichts vergesse, so male ich Dich
zaghaft auf diesem Blatt Papier.
Und jede Faser bleibe hier, das ich sie nicht versäume
in Farben bunt zu tauchen.
Farbe tauchen, Leben geben - es ist die wahre Liebe eben,
und bitte ich Dich so bleibe hier.
Ich liebe Dich, so bleibe hier,
bleib in meinem Leben...wir
gestalten heute diese Welt,
mit Liebe voll, weil es gefällt.

Ist der Sturm vorbei klärt sich die Luft
und riechst Du diesen weiten Duft?
Die Frische nach dem Sturmgebräu,
das Milde tüddelt sich.
Und ich behalte Dich im Arm
und halte Deine Seele und flüstere noch,
ach fürchte Dich nicht, wird alles wieder gut.
Und doch, das Seelchen bebt,
hat es ja auch den Sturm erlebt und
klammert sich am Hellen,
was durch den Himmel schaut.
Und leise plätschern Wellen,
ich halte Dich vertraut und blicke
in die Weiten.
Gelobt sind diese Zeiten, sie klärt sich ja, die Luft
und wieder streicht er um die Nase...
der frische leichte Duft.

Ich würde nur Liebeslieder schreiben,
wüsste ich doch Du könntest bleiben.
Ich würde auf der Sonne inserieren,
ein Wärmeabo abonnieren,
weiß ich doch, wie schnell Du frierst.
Oben, auf dem Dach, dem First
würde ich den Wetterhahn bestechen,
in ruhige Seen mit Dir stechen.
Ich würde dem Schatten kontra geben,
im Sonnenlicht Dir Leben geben.
Ich würde den Kaffee milder kochen
und ließe mich auf Zucker ein.
Das Leben würde insgesamt ein wirklich richtig Süßes sein.
Ich würde mich freuen, komm steige ein...
ich fahre Dich zum Mittelpunkt - zum Punkt der
Innigkeit. Da bleiben wir dann, zuckersüß
für eine kleine Ewigkeit .

Geh durch manche Türe nicht allein,
Du könntest Feuer treten.
Sei sicher, wirst nicht einsam sein,
auch wenn die dollsten Winde wehten,
so hielt ich Dich ganz warm im Arm
und schützte Deine Weite.
Ich bin auch heute an Deiner Seite und
fange Dich im Sturm und Pein.
Und kannst Du mich nicht sehen - doch,
ich halte Dich, bist nicht allein.
Ich tröste Deine Seele und Träne, die da weint,
sie darf sich trauen - vertraue...
ich bin mit Dir vereint.

Mein Sprachloses halten,
meine Wörter verwalten,
mich still einfach halten,
mein Wortschatz verwalten,
bedingungslos da sein.
Du siehst das Herz, mein.
Mein Fühlen erfühlen,
den Fieberkopf kühlen,
mein Herz so betüddeln,
ganz einfach Dein Da-Sein.
Das tut mir so gut.
Ich schenke Dir alles,
Du machst mir den Mut!

Heute Nacht warst Du mir nah
ich habe Dich gesehen.
Und ich konnte gut verstehen,
Dein Innerstes zu sehen.
Du warst so wunderschön und Licht
durchzog den Raum, das Sein.
Er muss wohl in der Tat in Dir
was ganz besonders scheinend sein.
Die Milde und die Ruhe
ich habe sie gespürt. An manchen Stellen
habe ich das Liebliche verführt.
Die Sonne wirbelte sich rund,
die Farben tanzten auf dem Grund
und Frieden war dabei.
Und wie als ob ich aus Dir blickte,
da merkte ich im Traum : verzückt
mich eine Illusion ?
Ist das wohl nur der Schaum vom Traum?
Doch so wie echt nehme ich sie mit,
die Farben dieser Nacht. Und aufgewacht
und munter hab ich an Dich gedacht!

Winterseele, Sommerseele,
weit wie weit die weiten Wege
setzten Ziel und leichte Luft
brechen mit dem Sommerduft
und halten Denken warm.
Ummantelt Liebelei mit Schaum
und wahr wird dieser leichte Traum.
Was wundert mich, die Zeit sie schwimmt
in weiten Zügen welch ein Glück.
Der Traum mit irgendwas beginnt,
ich nehme nichts davon zurück.

Und tanze, Widerwort, geheimes,
tanze und lass mich Frieden sein
und rührend diese Welt beschauen.
Im dunklen Worte, dem geheimen geh,
lass mich des Geistes Milde sein
mit Flügeln dieses Ganze säumen.
Ich möchte träumend Träume träumen
und durstig jede Faser spüren.
Das Rühren findet sich im Ganzen
und macht sich Staub der Seele rein.
Ich möchte nie mehr einsam sein und
Atemschwingen spiegeln sich
im Ganzen Licht und alles frischt
sich weit in meinem Geiste auf.
Ach Seele Du ich warte drauf
dich liebend leicht zu wärmen.
Komm her ich halt dir wärmend fest
und Schatten - auch die Fernen
beschubse ich mit Feenstaub,
dass sich kein Kummer näher traut.

Wie blütenweiß erwischt es Dich
der Rahmen ist vollbracht.
Zu allem Denken an das Schöne hab
ich Dir Blüten mitgebracht.
Genau so weiß sie strahlen sich
den Weg des Glanzes - schimmert es still
und funkelnd bunt erfreut es das Herz,
weil heute die Sonne zaubern will.
Ein wundervoller Sonnentag
erwartet nun uns zwei.
Die Welt hält an und dann und wann
ein Schmetterling der reden will.
Der zarte Duft berieselt mich und
Farben ruhen still. Der Anmut Hauch
umarmt den Duft, ich höre
was er sagen will.

Wenn die Weite der Seele und mit aller Breite
den Sturm so bewandert und Herzen formiert,
dann weiß ich ganz sicher, mein Buch das verliert
die Seite mit all dieser Muckeligkeit.
Denn sie lernt fliegen und rührt sich.
Und ich wunder mich -
denn sie lernt fliegen
und schwindet von der Seite.
Ab in die Weite, so höre ich sie und
fliegen kann sie - ach wie nie
zuvor so sah ich das. Es machte mich ein wenig Spaß
obwohl ich habe jetzt das weiße Blatt...
es mutet matt und scheint so leer,
ich wünscht sie käme wieder her, die Rose
leichten Wortes.
Sie sucht sich wohl die Musen und Luft, sie wirbelt sich.
Ich lächele leise und ich wundere mich,
die Muckeligkeit fliegt.
Und Liebe...ja, sie siegt.

Danke an E.

Das Beste für Dich

Raum für beflügelte Worte ...

Danke
Annette Schumacher 2014

Informieren Sie sich unter

www.eine-sekunde.de

über die aktuellen Lesereisen und Veranstaltungen.
Ich freue mich auf Ihren Besuch

Annette Schumacher